O SENTIDO DA VIDA

CONTARDO
CALLIGARIS

O SENTIDO
DA VIDA

PAIDÓS

Copyright © Contardo Calligaris, 2023
Copyright © Editora Planeta do Brasil, 2023
Todos os direitos reservados.

ORGANIZAÇÃO DE TEXTO: Andresa Vidal Vilchenski
PREPARAÇÃO: Caroline Silva
REVISÃO: Carmen T. S. Costa
PROJETO GRÁFICO E DIAGRAMAÇÃO: Nine Editorial
PESQUISA ICONOGRÁFICA: Tempo Composto
CAPA: Fabio Oliveira
FOTOGRAFIA DE CAPA: Bob Wolfenson

DADOS INTERNACIONAIS DE CATALOGAÇÃO NA PUBLICAÇÃO (CIP)
ANGÉLICA ILACQUA CRB-8/7057

Calligaris, Contardo
 O sentido da vida / Contardo Calligaris. - São Paulo: Planeta do Brasil, 2023.
 144 p.

ISBN 978-85-422-2153-4

1. Desenvolvimento pessoal 2. Emoções I. Título

23-1593   CDD 158.1

Índice para catálogo sistemático:
1. Desenvolvimento pessoal

Ao escolher este livro, você está apoiando o manejo responsável das florestas do mundo

2023
Todos os direitos desta edição reservados à
EDITORA PLANETA DO BRASIL LTDA.
Rua Bela Cintra, 986, 4º andar – Consolação
São Paulo – SP – CEP 01415-002
www.planetadelivros.com.br
faleconosco@editoraplaneta.com.br

Sumário

◐ Prefácio 12

◐ Felicidade, uma preocupação desnecessária 18

◐ *Un bel morir* 38

◐ O sentido da vida e a bizarra obrigação de sermos felizes 76

Em 2019, o Fronteiras do Pensamento me convidou para ser um dos palestrantes do ciclo do ano – eu só podia aceitar, por simpatia e porque o próprio título do ciclo se dizia inspirado por palavras minhas.

E aconteceu que, ao longo do ano, todas as palestras que administrei (numerosas, na Casa do Saber, no Empiricus, no Conselho Regional de Psicologia do Rio Grande do Sul, na Associação dos Ministérios Públicos etc.) foram, por assim dizer, "ensaios", notas ou desenvolvimentos a partir do tema proposto pelo Fronteiras e que me acompanhou o ano inteiro.

Claro, a escolha é responsabilidade minha, mas não posso deixar de agradecer à equipe da Planeta.

Acervo pessoal do autor.

Prefácio

No início do ano, assim que recebi a terceira e última versão de *O sentido da vida*, a equipe da Planeta me convidou para escrever o prefácio. Me deram um pouco mais de uma semana e, claro, aceitei – conhecia os pensamentos que iriam ser discutidos, as histórias de família que seriam lembradas (meu pai tinha uma para cada situação), e afinal, talvez, os filhos sejam as melhores pessoas para darem continuidade à vida dos pais.

Aos domingos, alguns almoçam com suas famílias, outros vão à igreja no final da tarde ou aproveitam para fazer as tarefas de casa. Meu pai, ele, de praxe desde 1999, sentava no sofá da sala e começava a escrever sua coluna semanal na *Folha de S.Paulo*. Com frequência, me copiava no e-mail que mandava para a redação e me provocava sobre o tema que ele tinha abordado com conversas, curtas ou mais longas (dependendo do trânsito), quando ele pegava o carro para ir ao consultório de manhã e no final da tarde quando voltava para casa – o resto do dia era pra falar de trabalho ou de coisas corriqueiras.

Lembro que todas as conversas, ocasionalmente animadas (afinal, somos ambos italianos), terminavam de forma irreverente: "Te ligo mais tarde, veio, estou entrando no estacionamento". Era frustrante, mas ele julgava que essa meia dúzia de quarteirões, da alameda Ministro Rocha Azevedo até a rua Batataes, no Jardim Paulista, onde ele atendia, era suficiente para que cada um apresentasse seu ponto de vista – ele acreditava que tentar impor seus argumentos ao outro ou mesmo orientá-lo (tanto como psicanalista quanto como pai era uma abordagem que ele desprezava profundamente) era uma grande perda de tempo. Se um argumento fazia o outro refletir, maravilha; senão, paciência...

De certa forma é um pouco o que este livro propõe ao leitor. Em poucas palavras, para ele o que importa é que a vida vivida, seja em seus momentos mais atribulados ou em seus momentos mais agradáveis, seja uma vida interessante. Mas ele não pretende convencer o leitor de que não seria válido questionar o sentido da nossa vida (afinal, questionar faz refletir), nem de que a busca da felicidade seja um horizonte enganoso. Ele meramente se contenta em interpelar o leitor para que tais empreitadas não virem uma tal distração que isso o impeça de viver o presente concreto, ou seja, de aproveitar cada momento da sua existência.

Porque o que meu pai realmente valorizava não era a vida em si, mas a coragem de se permitir desfrutar, com atenção, das aventuras que ela eventualmente proporciona. Uma grande lição que ele herdou do meu avô e que o acompanhou até a morte. No decorrer do tempo, ele fez questão de me transmitir esse legado e talvez seja o que justifique que a introdução deste livro me tenha sido atribuída.

Max Calligaris

Felicidade, uma preocupação desnecessária

Tempos atrás, em 2014, numa entrevista, eu disse (e confirmo e continuo pensando parecido) que não me importava muito ser feliz. De fato, a felicidade sempre me pareceu uma preocupação desnecessária. Certo, ela é um ideal socialmente forte, se não dominante, e, como tal, é, no mínimo, um sucesso comercial – vende bem. Mas essa nunca foi uma razão para eu comprar grande coisa.

Desde essa minha resposta, sou condenado a falar dessa questão – ou seja, do que seria, então, a felicidade – e da importância que ela teria (ou não) para mim.

Até aqui, tenho dito que, para mim, a felicidade, seja lá o que ela for, não depende de a vida e o mundo terem um sentido no qual eu acredite. Ao contrário, se a vida tiver um sentido fora dela, nas nuvens do paraíso ou nas dos sonhos, onde vivem as utopias sociais, suspeito que a gente se distrairia dela. E não sei se existe uma chance de viver uma vida plena sem destinar a esse projeto toda a nossa atenção.

Agora, só empurrei a bola um pouco mais longe, pois sobra a questão: o que é uma vida plena? O que seria viver uma vida "boa"?

Nessa mesma entrevista de 2014, eu disse que, em vez de me preocupar com a felicidade e seu mistério, preferia me esforçar para viver uma vida interessante. E o que seria uma vida interessante?

Questão dupla, então: o que seria uma vida plena (um estado de espírito ou um estado do mundo)? O que seria uma vida interessante?

• • •

Eu sempre tive, e ainda tenho, dificuldade com uma das expressões mais corriqueiras da língua portuguesa – ou pelo menos do português do Brasil –, pela qual, ao encontrar alguém, um amigo ou um desconhecido, tanto faz, você pergunta: "Tudo bem?". O outro, geralmente, se for bem-educado, responde da mesma forma, "Tudo bem?", e fica implícito que está tudo bem para todo mundo. Prefiro as perguntas francesas ou americanas *"How are you?"* e *"Ça va?"*. Não que sejam muito mais autênticas, mas são perguntas concretas, indagações efetivas sobre o estado da pessoa, enquanto "Tudo bem?" é anunciado como uma espécie de acordo pressuposto. Na verdade, ninguém quer ouvir que não está tudo bem; todos preferimos só esperar uma confirmação.

Isso sem nem considerar a perplexidade na qual deveríamos ser jogados pelo possível alcance desse "tudo": *como é que vou saber se tudo está efetivamente bem?*

Vejo dezenas de pessoas por dia no meu consultório – e são pessoas educadas que, em geral, me querem bem. Ao chegar, elas perguntam: "Tudo bem?". Não gosto de apenas confirmar que "Sim, tudo bem", nem de responder colocando de volta a mesma pergunta. Não estava a fim de nada disso por princípio, porque um dos princípios básicos da psicanálise é que a gente tente levar a sério o que a gente diz, propositalmente ou não.

Surge também outra pergunta: se está tudo bem com meu paciente, então o que ele está fazendo no meu consultório? Enfim, a resposta que adoto é, geralmente, "Não sei". E há quem continue: "Como você não sabe? Se você não sabe, quem vai saber?". Justamente. Ninguém sabe. "Não sei", e é verdade que eu realmente não sei se está tudo bem. De fato não sei. Essa resposta, que tende a irritar alguns de meus pacientes, e até meus amigos, porque a uso realmente com todo mundo, não é uma grande novidade.

Os capítulos 10 e 11 da *Ética a Nicômaco*, de Aristóteles,* são textos admiráveis. Aristóteles se pergunta se saber ou não saber como andam efetivamente as coisas do mundo (no nosso exemplo, saber se "tudo" está realmente bem) é relevante do ponto de vista da felicidade.

Felicidade é uma tradução próxima da palavra grega *eudaimonia*, que significa literalmente "bom espírito" ou "bom gênio" (o *daemon*, para um grego, é a figura intermediária entre o humano e o divino).

Para nos ajudar a avançar na nossa pergunta, Aristóteles traz como exemplo um homem que tem filhos, ou um filho, tanto faz – e acredita que eles estejam bem encaminhados; isso contribuiria para a própria sensação de paz desse homem, a sensação de "estou vivendo num mundo que está direito, que está dando certo". Será que o homem

---

* A obra *Ética a Nicômaco* é dividida em livros, numerados apenas até o livro X. Contudo, optou-se, nesta edição, por preservar a referência original do autor. (N.E.)

de nosso exemplo pode ser "feliz" se o mundo estiver longe do que ele imagina? Por exemplo, e se o tal filho acabasse entrando no crime organizado ou estivesse se drogando sinistramente, ou então estivesse destinado a uma morte próxima ou a qualquer tipo de fim trágico?

Segundo Aristóteles, o fato de esse homem não saber de nada disso não melhora a situação: ele não sabe que o seu mundo (seu presente e seu futuro) é tragicamente desalentador. Mesmo não sabendo e mantendo-se na ilusão de que está "tudo bem", não, ele não vai estar feliz, pelo menos não no sentido que a expressão tem para um grego.

Isso é muito interessante porque imediatamente isso revela que, para um grego clássico, Aristóteles é um cara que pensa em muitos casos de maneira bastante parecida com a gente; não é um sujeito de uma cultura longínqua, estranha, bizarra nem nada disso; ele é estranhamente familiar, mas, de repente, ele nos diz que o bem-estar, o bom espírito, precisa de uma situação objetiva em que o cosmo esteja em harmonia com você.

Nos mesmos capítulos, 10 e 11, da *Ética a Nicômaco*, ele se faz, aliás, uma pergunta que para nós é absolutamente hilária, que mede a grande diferença entre Aristóteles e nós. Ele se coloca seriamente a seguinte pergunta: "Um morto pode ser feliz?". É claro que, para nós, não pode, né? Porque, para nós, a felicidade é, sem dúvida, um afeto subjetivo, uma coisa que sentimos. Então, se eu estiver morto, não sentirei nada. E, mesmo que eu pudesse estar morto e sentir alguma coisa, essa "alguma coisa" não seria necessariamente algo agradável.

Mas Aristóteles está pensando numa linha diferente. Parece que, para ele, a felicidade eventual do morto não depende de uma sensação, de um afeto, de um pensamento do morto – porque não é uma questão subjetiva. Ou seja, a felicidade eventual do morto depende de um estado do mundo, é uma questão objetiva. Talvez para ele um morto feliz seja um morto em harmonia com a ordem do mundo. O esforço para se aproximar dessa maneira de pensar e entendê-la é grande: para nós, espontaneamente, a felicidade (*eudaimonia*) de uma morte em harmonia com a ordem do mundo se manifestaria por um estado de espírito do morto ou do morituro. Estou a morrer, nisso eu me concilio com o mundo, e morro "feliz". Talvez, mas a *eudaimonia* não depende do que o morto ou o morituro sente ou sabe (inclusive, não depende do que ele sabe sobre a ordem presente e futura do mundo).

Essa visão da felicidade por um grego antigo é menos exótica do que parece e, exótica ou não, é muito esclarecedora para os psicólogos clínicos. Essa visão grega da felicidade, por exemplo, nos oferece uma compreensão muito certeira do que são os transtornos obsessivo-compulsivos, os TOCs.

Outro dia recebi um paciente preocupado porque acabava de começar uma nova história de amor com alguém – estou falando de pessoas bem adultas, não de jovens. E ele descobriu que a mulher de quem ele gosta e por quem está se apaixonando sofre de um TOC severo. E como é que ele descobriu isso? Bom, depois de muita conversa e companhia, ele foi passar alguns dias na casa dela. Isso é um negócio complicado. Para quem sofre de um transtorno obsessivo-compulsivo, deixar alguém entrar na sua vida não tem problema, mas deixar entrar na sua casa é complicado. Então, eles estavam vivendo juntos aqueles dias, quase uma prova, um ensaio. Meu paciente estava sendo muito cuidadoso, como seria com qualquer um, com TOC ou sem TOC. Em dado momento, eles lavaram algumas coisas na máquina de lavar roupas. Quando a máquina terminou, ele achou que seria bom ajudar. Abriu as gavetas, procurou os prendedores e começou a pendurar cuecas, camisetas, meias etc. no varal. Bem nessa hora, ela chegou na copa, apavorada: "Não, não, não, não faça isso!". Não faça isso o quê?

Então, ela lhe mostrou que a gaveta continha prendedores de todas as cores e explicou que era preciso usar um prendedor da mesma cor do pano que ele estava pendurando, porque senão... o quê? Senão o quê? Senão, eles entrariam em discordância com a ordem das coisas, e isso seria intolerável, não é? E, quando por acaso houvesse alguma vestimenta que não correspondesse a nenhuma das cores, ele deveria deixar isso com ela, que decidiria as combinações possíveis.

Podemos entender melhor o que é um transtorno obsessivo-compulsivo se considerarmos como os gregos eram capazes de se perguntar se um morto podia ser feliz – porque a ordem do mundo participa ou é causa e razão da felicidade. Aliás, Aristóteles, nessa ocasião, diz que só é possível dizer se alguém é (ou foi) feliz ou não no fim da vida. Porque é apenas retroativamente que tal indivíduo pode saber se sua vida fez parte do cosmo, de um universo ordenado. Mesmo morto.

• • •

Agora, voltemos à ideia de que é melhor ter uma vida interessante a uma vida feliz. Existe uma médica de cuidados paliativos que se chama Ana Quintana Arantes e que escreveu um pequeno livro chamado *A morte é um dia que vale a pena viver* (Sextante, 2019). Ela milita a favor de uma visão de cuidados paliativos que não é a mais frequente. No Brasil, aliás, parece-me que a maioria dos médicos, quando se fala em cuidados paliativos, pensa numa sedação progressiva, ou seja, vamos colocar essa pessoa para dormir – o que significa um monte de coisas, entre elas que não vai ter dor, pelo menos não que a gente saiba (há sempre essa dúvida) – e vamos retirar a hidratação, porque isso acelera a morte; vamos fazer aquelas coisas que ajudam a pessoa a ir embora, pacificamente. Bom, é uma espécie de eutanásia, quando não há esperança alguma, enfim. Mas Ana Quintana, nesse pequeno livro, coloca realmente um ponto de vista bem especial. Eu não sei o quanto ele é de fato realizável, mas ela afirma que nós deveríamos fornecer cuidados paliativos que realmente tirassem a dor, mas de alguma forma sem sedar. O ideal seria que alguém pudesse, sem dor, viver a sua morte. Porque, afinal de contas, é uma coisa que vai acontecer com você só uma vez na vida. E por que você seria privado dessa experiência? Ninguém garante que seja uma experiência agradável nem desagradável, mas valorizar essa experiência única faz completo sentido para mim e anda junto com a ideia de ter uma vida interessante. Então eu preferiria, claro, se fosse possível, não apenas não sofrer (é meio ridículo dizer isso), mas estar vivo quando morrer.

Nessa mesma linha, lembro que, nos anos 1990, época em que eu clinicava em Nova York, saiu um livro sobre a nova onda de antidepressivos, *The Prozac Nation*. Foi escrito por um médico que tinha começado a usar o Prozac, primeiro antidepressivo de uma nova geração, e se tornou best-seller do *New York Times*. Então, é claro que todo mundo queria o Prozac, até porque ele beneficiava pacientes que faziam parte daqueles 35% ou 36% para quem o antidepressivo de primeira geração proporciona um efeito que é realmente significativo, grande e muito bom. Mas o que imediatamente começou a chegar nos consultórios foram pedidos bizarros, do tipo "Escute, o meu pai está com câncer, vai viver um ano no máximo, então eu gostaria de, preventivamente, tomar Prozac até ele morrer para não sofrer com a morte dele". E a resposta é: a morte do seu pai vai acontecer só uma vez e é uma experiência crucial na sua vida. É crucial no viver humano perder a geração que nos precedeu, então você vai ficar triste, vai chorar... o luto pode durar de seis meses a um ano, sim, e isso não tem nada de patológico. Faz parte da vida. Como você não quer viver uma coisa tão importante e significativa? Você tem uma vida só e nela você só tem uma morte de seu pai. A qualidade da sua experiência não é definida quando você pode ficar sorrindo do começo ao fim não; todas as experiências são "interessantes".

Esses dois exemplos talvez expliquem um pouco o que chamo de uma vida interessante. Uma vida em que você se autoriza a viver intensamente. Autoriza-se a viver com toda a intensidade que todos os momentos da nossa vida merecem.

*Un
bel morir*

Minha tia Rosalia, que era a irmã mais velha do meu pai, foi uma figura significativa na minha infância. Ela era professora de latim e grego – de letras clássicas, como se diz – e nunca se casou. Como a rainha Elizabeth teria dito de sua relação com a Inglaterra, a tia Rosalia se casou com as letras clássicas, fundamentalmente.

Ela me disse, certa vez, uma frase que ficou na minha memória. Nenhum mérito meu nisso, aliás, pois a frase, citada por todos com frequência, fazia parte da sabedoria familiar; era um verso do Petrarca (poeta italiano do século 14): "*un bel morir tutta la vita onora*". Uma morte bonita honra a vida inteira, ou seja, se você morrer bem, vai honrar ou enobrecer (retroativamente) toda a sua vida.

Eu sempre entendi esse verso como expressando a ideia de que uma morte gloriosa, quem sabe heroica, resgataria uma vida por mais insignificante que fosse, ou melhor, tivesse sido.

Quando fui ler a canção de Petrarca onde esse verso aparece, na última estrofe, tive uma surpresa. As canções de Petrarca não têm título; a gente usa o primeiro verso como título, e nessa canção o primeiro verso diz "eu bem pensava que o meu tempo tivesse passado nessa altura". De que se trata? Ele está falando do amor, de uma paixão que lhe parece quase inconveniente na idade que ele tem; então, começa dizendo que não pensava que, naquela altura da vida, ainda estaria numa dessas: apaixonado. O verso em questão, que a minha tia citava, "uma morte bonita honra a vida inteira", não tinha nada a ver com glórias militares, por exemplo, mas com morrer de amor. Petrarca não estava fazendo nenhuma apologia a mortes heroicas no campo de batalha; ele estava dizendo que morrer apaixonado era uma coisa muito legal. Tem um momento, aliás, em que ele pede ao deus do amor que lhe atire as últimas flechas.

Tudo isso eu só entendi muito mais tarde, quando tive a idade suficiente e a cultura, talvez, para ler Petrarca. No começo, a frase da tia Rosalia significava que uma morte "bonita" podia tornar honrosa e honrada uma vida inteira – e uma morte bonita ou bela só podia ser uma morte gloriosa, heroica. Nada a ver com o amor.

Minha família, como muitas outras, tinha uma certa variedade de ideais de referência. No passado, distante e recente, havia médicos, militares e professores universitários – meu avô, particularmente, de história medieval, na Universidade de Torino. Eu saí uma mistura disso tudo; psicanalista tem alguma coisa a ver com medicina e, sem dúvida, com história. E de espírito eu devo ter alguma coisa de militar também, pelo meu lado combativo.

A frase da minha tia (quer dizer, de Petrarca) acarretava uma ideia um pouco curiosa para um médico que tivesse sido formado pelo higienismo do século 19. O higienismo é um ideário para vidas tranquilas; um ideário, a gente diria hoje, de classe média: nada de transportes ideais que nos levariam a sacrifícios e heroísmos estranhos. O higienismo propõe a sobrevivência como ideal supremo; e – entende-se bem que se uma morte bela pode resgatar e honrar uma vida inteira, então a duração da vida não é nenhum valor supremo de nada e de ninguém – que continua sendo, qualquer leitor de Foucault não me desmentirá, uma das ideologias dominantes, senão a ideologia dominante – a ideia de que o primeiro valor é a vida.

Para todos nós os valores são hierarquicamente organizados. A gente não é obrigado a comprar a hierarquia cultural e social dos valores; podemos ter uma hierarquia diferente, mas a hierarquia social dos valores mais aceita hoje é que a vida seria nosso valor supremo. Em outras palavras, tudo é permitido, com a condição de salvar vidas. Não é uma questão óbvia. Antes do higienismo, duzentos anos atrás, a gente tinha a tendência (a gente, digo, humanos ocidentais) de pensar exatamente o oposto. Ou seja, descobríamos que algo era um valor justamente porque estaríamos dispostos a perder a vida por isso. O valor era justamente aquela coisa pela qual se dava a vida, então, sem dúvida, a vida não era o valor supremo.

Vou falar um pouco da minha história. Isso deve ser um negócio que acontece quando a gente envelhece. No momento crucial da minha formação, no fim dos anos 1960, mais exatamente em 1969, quando começaram os anos de chumbo na Itália, eu já morava entre Genebra e Paris, mas continuava indo regularmente à Itália, afinal, minha família estava lá, assim como boa parte de minha atividade política e intelectual. Os anos de chumbo foram os anos do terrorismo, nas suas manifestações de esquerda e de direita; em dezembro de 1969, em Milão, aconteceu o primeiro grande episódio terrorista, que foi a bomba na Banca Nazionale dell'Agricoltura, na Piazza Fontana, com dezessete vítimas. Naqueles anos, houve uma série de grandes manifestações contra o terrorismo que se apoderava de nossas ruas. Numa delas, não me lembro mais qual, mas era uma manifestação convocada pelas esquerdas, eu estava saindo e o meu pai me pediu que o esperasse: "Vou contigo na manifestação". Eu respondi: "Como assim você vai comigo? Você sequer é de esquerda...". E ele me respondeu uma frase que não esqueci e que continua sendo um exemplo perfeito de resposta ao terror: "Não vamos deixar algumas pessoas decidirem nossa vida sob o pretexto de que poderiam decidir nossa morte". O que ficou para mim foi a mesma lição do verso de Petrarca da tia Rosalia: a vida não está acima de tudo, não é o valor absoluto. Tem uma série de coisas que estão acima da vida.

Cuidado: isso não implica que a gente tenha que passar a vida se preparando para morrer "bem" ou para fazer "bonito" na hora da morte.

A ideia do "morrer bem" (que, retroativamente, honraria nossa vida inteira) é promovida por aqueles que acreditam numa transcendência e num sentido divino do mundo. Para eles, o que realmente importa é o que acontecerá na nossa morte e depois dela. Valorizar o morrer bem acima do viver se torna justamente um jeito de se distrair da vida, um jeito de viver desatento.

O que nos impede de aproveitar a vida (o que impede o prazer) é se distrair da vida e se desapegar dela. O truque do arrependimento de última hora, por exemplo – você se arrepende, chega um arcanjo e te leva para o paraíso –, tem esta função: o desapego.

Para mim, para minha família e para a frase da tia Rosalia, a ideia de uma morte bonita não era um tópico de preparação e muito menos era justificada pela espera de uma recompensa divina.

A morte bonita era só um jeito de terminar, eu diria, com elegância. Mas voltarei a isso, que pode parecer leviano...

Para tentar entender o que seria uma morte bonita, escolhi uma imagem. A imagem da morte de Sêneca.

• • •

DAVID, Jacques-Louis. *A morte de Sêneca*, 1773.
Óleo sobre tela, 147,3 × 180,3 cm.
Petit Palais, Paris.

• • •

A morte de Sêneca foi contada pelo maior historiador romano, Tácito. Se um dia vocês quiserem se dedicar aos historiadores romanos, que são merecedores de muita atenção e leitura, meu conselho é não passar muito tempo lendo Tito Lívio; embora ele seja considerado o historiador da época dourada da literatura latina, é muito chato. Mas Tácito, que escreveu praticamente cem anos depois da morte de Sêneca, escreveu em um latim poderosíssimo, sintético e lindo. E também pela inteligência e rapidez da sua visão, ele é, ainda hoje, uma leitura educativa (no melhor sentido).

A história da morte de Sêneca é a seguinte: Sêneca tinha sido tutor de Nero, um imperador romano que não tem boa reputação porque, entre outras coisas, parece ter incendiado Roma para ver como era bonita. Bom, depois de vários anos sendo tutor de Nero, em dado momento Sêneca tornou-se suspeito de estar envolvido numa conspiração. O que é um pouco triste é que a cada vez que uma conspiração destitui um imperador nocivo, vem um pior, com algumas exceções. Então, suspeito de ter feito parte da conspiração, Sêneca, sendo um grande filósofo, talvez o grande filósofo estoico, recebe uma ordem de Nero que diz "mate-se". Isso era muito mais elegante e generoso do que condenar alguém à morte ou mandar matar alguém. Nero lhe escreveu "mate-se", e Sêneca se matou. O relato de Tácito é menos decorativo que o quadro de David, porque uma das coisas que Sêneca descobriu nessa ocasião é que realmente não é fácil morrer. Ele convidou os amigos e a mulher, Pompeia Paulina, cortou os pulsos e começaram a discorrer e falar de filosofia. Ele perdia sangue e não morria. Então, cortaram as veias dos pés, e ele não morria. Sêneca pediu para ser colocado num banho quente, mas também não funcionou. Em dado momento, a esposa de Sêneca decidiu que se mataria com o marido e cortou os pulsos.

Alguém informou o imperador Nero de que Sêneca estava se matando e que Pompeia Paulina também cortara os próprios pulsos. Mas Nero achou que não era uma boa ideia e decretou: "Não, a mulher não". A mulher não porque ficaria mal; os romanos simpatizariam com ela. Então, Nero mandou arrancar Paulina de lá à força e salvá-la da morte.

Todos os filósofos helenísticos, aquele grande núcleo de pensamento filosófico que começa depois de Aristóteles e chega até os primeiros séculos da nossa era (justamente, Sêneca), os estoicos, os epicureus, os céticos, todos são ou ambicionam ser realmente grandes mestres do governo de si. O ideal que eles têm claramente na cabeça é como governar a nós mesmos. É o ideal de autocontrole. E essa cena é exemplo disso.

A mesma coisa poderíamos dizer sobre o suicídio de Sócrates (bem anterior, claro), que é conhecido por ter sido relatado por Platão, na *Apologia de Sócrates*, e pintado pelo mesmo Jacques-Louis David. Aparentemente, o pintor francês encontrava nessa morte controlada, dominada, tanto de Sócrates como de Sêneca, uma espécie de exemplo, de protótipo de morte bela.

DAVID, Jacques-Louis. *A morte de Sócrates*, 1787. Óleo sobre tela, 129,5 × 196,2 cm. Museu Metropolitano de Arte, Nova York.

Nos dois casos, o que temos é a convicção de que a condenação ao suicídio era injusta; mas, acima dessa convicção, há, tanto em Sêneca como em Sócrates, uma grande certeza de que as instituições são mais importantes do que eles. Para Sócrates, se ele fugisse, como os amigos lhe sugeriram fazer, a democracia seria insultada.

Ambos se suicidam e aceitam essa saída de cena porque consideram que as suas vidas são negligenciáveis diante dos ideais políticos pelos quais vivem. Isso está presente no quadro, aliás (na arquitetura imponente da cena), mas é interessante porque nem Sêneca nem Sócrates recorrem, para tanto, a um sentimento comunitário ou partidário. Por que digo isso, que pode parecer algo completamente estranho? Porque uma coisa me impressionou muito em um dado momento da minha vida e do meu trabalho, quando escrevi a minha tese sobre o comportamento totalitário, sobre a personalidade totalitária, no fim dos anos 1980. Essa tese eu nunca publiquei; ela foi traduzida para o inglês, mas não a publiquei; vou acabar publicando um dia. Sempre digo que quero transformá-la em um livro que seja realmente legível para um leitor médio da minha coluna semanal na *Folha*. Enfim, a moral da história, uma coisa que tinha me impressionado é que houve duas ondas de processos dentro do Partido Comunista; uma primeira grande onda aconteceu nos processos de Moscou, no fim dos anos 1930, e a outra foram os processos de Praga nos anos 1950. A coisa extraordinária é que de todas as pessoas que foram acusadas nos processos, se não todas, uma grande parte foi condenada à morte por traição, e todas essas pessoas eram absolutamente inocentes dos crimes dos quais eram acusadas. E todas essas pessoas acabaram se reconhecendo culpadas e encarando a morte ou a punição, seja lá qual fosse. E não é que se reconheceram culpadas para terminar aquele suplício de interrogatórios e torturas, não era por isso; era porque em dado momento a força do espírito de grupo, da identificação com o grupo, era tamanha que eles, de alguma forma, reconheciam-se culpados.

Enquanto moderno, inevitavelmente, não por escolha, aquilo me irritava de forma profunda. A ideia de se suicidar, convencido de que aquelas pessoas estavam sendo condenadas injustamente e ainda por cima com os amigos assistindo e dizendo "está tudo preparado para tua fuga", para mim era incompreensível. Hoje, olhando os quadros de David, talvez a gente possa entender um pouco o que aconteceu na cabeça de Sócrates e na cabeça de Sêneca. Vocês sabem que, sem dúvida, o nosso ponto de vista sobre a morte mudou muito – e mudou há não muito tempo, desde quando existem os cemitérios como nós os conhecemos; mudou faz duzentos anos.

A morte clássica é uma morte coletiva por várias razões. Primeiro porque o morto continua na coletividade; por exemplo, se você caminha ou passeia por uma igreja na Europa, você caminha em cima de tumbas. As pessoas eram enterradas nas igrejas, então você caminha literalmente em cima delas. A grande diferença é que até duzentos anos atrás a coletividade era, de fato, um valor maior que o indivíduo. Isso vem se preparando ao longo de alguns séculos de transformação cultural. É muito diferente se está em você como DNA cultural, digamos assim, a ideia de que a coletividade é mais importante que o indivíduo. A morte tomou um valor completamente diferente, porque, tudo bem, você vai morrer, mas a torcida do seu time continua. Isso deveria ter o efeito de consolar você perfeitamente. Agora, para o moderno, dizer para mim que eu devo me sentir tranquilo com a continuidade da torcida do Palmeiras realmente não resolve o meu problema da morte, nem um pouco. Aliás, como qualquer individualista convicto, porque simplesmente nasci depois de 1800, eu acho que a torcida do Palmeiras podia se foder inteiramente se isso me permitisse viver apenas um pouquinho mais.

Então, quando o indivíduo se torna realmente um valor maior do que a comunidade, é claro que a morte passa a ser uma experiência solitária e, sem dúvida alguma, aterradora e desesperadora. Por isso o indivíduo moderno – e moderno vale para os últimos duzentos anos – tem uma relação conturbada e atormentada com a transcendência, porque o caráter efêmero da vida é uma coisa que encaramos sozinhos.

Eu tive sorte de estudar a história da filosofia no colégio, que é quando se deveria começar a estudar história da filosofia, e com um excelente manual de história da filosofia, o manual do professor Dal Pra. Depois disso, também tive a chance de escutá-lo como professor na faculdade, pelo menos no primeiro ano, que cursei em Milão. Tanto o livro como o curso se pareciam com tratados de psiquiatria dos anos 1920, ou seja, a exposição de uma série de figuras altamente psicopatológicas, que deliravam de maneira grave, não medicadas e livremente, o que era interessantíssimo por causa daquilo, mas era realmente delirante.

Me ficou isto: que as grandes aventuras do pensamento ocidental até hoje no fundo têm a marca de algum tipo de patologia mental, ou de algum tipo de particularidade subjetiva – se vocês não quiserem usar esse tipo de termo meio pesado (muitas pessoas não gostam pela mesma razão) –, as psicopatologias. Mas se, no fundo, você acha isso muito moderno, ou é alguém que não consegue conciliar a valorização do indivíduo, não pode escapar ao caráter efêmero da vida; então a vida se transforma numa espécie de situação permanente de medo diante da transcendência de Deus, que primeiro esperamos que esteja lá e, depois, não esperamos que esteja, porque, se está, Ele nos julga.

Enfim, Sêneca e Sócrates não estavam nessa. As culturas grega antiga e romana não são culturas nas quais haveria propriamente recompensa ou castigo finais. Não têm a ideia de um julgamento no encontro com Deus. Não, essa ideia é completamente ausente da cabeça de Sócrates, assim como da de Sêneca. Então, em termos psicológicos modernos, eles construem uma pequena coletividade para participarem de sua morte como uma experiência que vão viver entre amigos. Certamente há outros elementos; eles podiam pensar também que a morte deles teria valor vingativo, como envergonhar Nero no caso de Sêneca ou a democracia ateniense no caso de Sócrates. De certa forma, eles tiveram uma revanche, porque Sêneca ficou, na nossa lembrança, certamente melhor que Nero; e Sócrates, melhor que os três cretinos que o denunciaram e cujos nomes são totalmente esquecidos. É preciso retomar o texto de Platão para saber como se chamavam.

Então, agora pensem bem... e esta é uma pergunta que nos faz dar um salto de dois mil anos: será que eles teriam força para encarar a situação na qual se bebe a cicuta, que parece muito amarga, ou então em que cortam os próprios pulsos? Será que encarariam essa situação se não tivessem convidado seus amigos? Quando você olha esse quadro, vê que os amigos não intervêm, no caso de Sócrates, no sentido de dizer "Olha, se você quiser fugir, tem um carro lá fora", e não tentam nada fisicamente para que Sócrates não se mate ou para que Sêneca não se mate. De certa forma, é como se a presença dos amigos servisse para que eles tivessem a força de ânimo necessária para morrer – ou seja, nisso eles são muito próximos da gente. Porque, sejamos sinceros, eles não chamam os amigos só para falar de filosofia. Chamam porque o olhar dos amigos é o que os mantém, os dois, na grandeza suficiente para poder encarar a sua própria morte.

Traduzindo em termos de hoje, é como se Sêneca e Sócrates fossem dois influenciadores de internet que estão transmitindo sua morte ao vivo, e essa transmissão ao vivo é o que sustenta a sua morte e lhes dá o ânimo para continuar. Desse ponto de vista, a história, por exemplo, dos suicídios de adolescentes transmitidos ao vivo no blog deles é realmente perigosa, porque o olhar dos outros é que dá força... Não posso esquecer uma jovem paciente que chegou para mim, muito tempo atrás, na sua sexta ou sétima tentativa de suicídio. Nunca conseguiu se matar, mas foi até onze tentativas. Quando a família chegou até mim, ela tinha acabado de tentar mais um suicídio: ela havia pulado do 11º andar – não morrera, conseguira cair em cima de um carro e só quebrar uma perna –, mas, além de pular do 11º andar, o que já é bastante aventureiro, ela inventou outra coisa. Naquela época não tinha telefone celular, mas havia o telefone sem fio de longo alcance, aquele com uma antena, e ela pulou falando com a mãe no telefone. "Mãe, estou pulando." Foi aí que a mãe me chamou. Eu fui vê-la e era uma menina muito interessante. Mas era só para dizer que, certamente, a voz da mãe era tudo de que ela precisava para se manter na decisão de pular.

É muito interessante que os quadros de David são um paradigma de que na cultura grega popular existe uma beleza, digamos assim, que se confunde com o valor moral. Há uma expressão grega completamente corriqueira que diz "bonito e bom ou belo e bom". É muito interessante, porque depois os transcendentes se completariam; seria preciso que as coisas fossem bonitas, boas e verdadeiras, mas, a essa altura do campeonato, bonito e bom são praticamente coisas que coincidem. E mesmo assim não é ainda o nosso belo habitual. Outro tema que poderíamos usar aqui que certamente foi usado é "elegante", não no sentido da moda, mas no sentido de uma certa grandeza. É complicado dar esse salto e começar a pensá-lo.

A coisa extraordinária é que é como se Sêneca, morrendo, estivesse dialogando conosco hoje. Há um salto de 1.750 anos entre a morte de Sêneca e o quadro de David, mas o quadro parece esquecer esse tempo que nos afasta do mundo clássico, justamente porque não fala nada de transcendência. Ninguém está se preocupando com Deus nessa história, nem com os deuses do Olimpo – latim ou grego, que seja. Não, o momento são os amigos. É a separação de um amor; eles vão se separar, mas não é um quadro de temor e medo, porque vão encontrar o Julgamento Supremo. Não tem nada disso. É uma elegância que garante a dignidade. E tem uma coisa moralmente boa nessa dignidade e nessa elegância, como se tivesse uma espécie de apreciação ao mesmo tempo estética e moral.

Aqui vou dar um primeiro salto, porque quero terminar rapidamente para que a gente possa continuar, sobre um tópico que é a continuação disso; vou dar um primeiro salto só para lembrar o seguinte: o momento histórico em que é possível pintar esse quadro, ignorando uma tradição de quase 1.700 anos, sobretudo dos últimos 300 ou 400 ou 500 anos – visto que uma pintura sempre interroga a nossa relação com a transcendência e essa ausência de transcendência está na própria composição –, é exatamente o mesmo momento em que surge no pensamento ocidental a questão do que é uma experiência estética. Exatamente nesse momento chegam as primeiras respostas sobre o que é uma experiência estética, e todo o século 18 produz uma quantidade de textos sobre isso.

Existe, eu acho, uma relação grande entre a Antiguidade clássica – homens do tamanho de Sêneca e Sócrates, por exemplo – e o fim do século 18, época em que eles podem ser retratados por David como algo que é parecido com a grandeza deles. O que os separa? O final do século 18 é o momento do que eu chamo de brecha. É o momento em que, depois de dezessete séculos de cristianismo – ou do tipo de cristianismo que acabou triunfando, porque o cristianismo poderia ter sido totalmente outro, mas muito se lutou para que não fosse –, dezessete séculos de cristianismo sugerindo que a vida se medisse por uma transcendência, seja ela qual fosse. Por exemplo, que a nossa vida fosse uma prova para a nossa eternidade depois da morte, trocando de alguma forma a ideia de que se nós não seguíssemos essa indicação seríamos para sempre viúvas de uma transcendência perdida, num drama subjetivo, que povoou também os dois últimos séculos. Mas de alguma forma isso cai por terra e quase todo o existencialismo é torturado pela ideia de uma transcendência perdida, de um Deus que não nos vê, de um Deus que não nos fala.

Então, nesse período, houve a vitória de grandes religiões exclusivistas e missionárias, que ainda hoje se encaram: o cristianismo e o islã. Só podem se encarar, porque ambas são exclusivistas e missionárias, convencidas de que têm que decidir em que os outros acreditarão. Então, quem sobrou tentando inventar uma vida na imanência? Quem sobrou com essa herança clássica e iluminista propriamente? Quem sobrou foram os psicoterapeutas, porque, se tem uma coisa que todos os psicoterapeutas têm em comum, é que a especialidade do psicoterapeuta é buscar entender como valorizar a vida concreta sem precisar de uma transcendência. Ou seja, sem recorrer a valores externos à vida concreta do paciente. Sem esse princípio, você não tem psicoterapia; você tem uma forma ou outra de boçalidade. Boçal é o cara que quer que o outro goze do jeito que ele pensa que é certo. Todas as psicoterapias só têm esta ambição: buscar entender como, na vida concreta do paciente, é possível descobrir alguma coisa que a valorize; não fora da vida concreta do paciente, mas nela mesma. É por isso que a terapia acaba sendo um trabalho quase estético, um trabalho de recriação narrativa de uma vida, que dá atenção a uma vida de tal forma que ela se valoriza.

Desse ponto de vista, como isso aconteceu, que nós nos encontramos de repente, depois de duzentos anos desde a brecha – que chamei assim –, desde aquele momento em que parecia que talvez os ideais dos clássicos Sêneca e Sócrates nos dessem a capacidade de viver na imanência, de prestar atenção à vida que realmente está acontecendo, e aquilo parecia voltar, como é que de repente não parece tão óbvio nem tão fácil que a gente volte a se interessar pela nossa vida concreta? Como isso aconteceu eu não sei, mas o meu veredito – e é por isso, sem dúvida, que escrevo este livro – é que só vai piorar. É a única coisa garantida, e é sempre bom pensar assim, porque vai que melhora, aí a gente vai ficar bem contente. Mas digo que só vai piorar porque não estamos em um acidente de percurso. É que justamente por causa da brecha que aconteceu, por causa desse momento em que o indivíduo voltou a respirar de alguma forma, a poder prestar atenção e olhar para a sua vida concreta, justamente por causa disso a reação contrária é infinitamente maior. Pense bem.

Não aconteceu nas "trevas da Idade Média", mas em plena Renascença, no momento em que filósofos extraordinários escrevem, pensadores criam a República das Letras, intelectuais europeus trocam cartas, o materialismo de novo tem a palavra, alguém entendeu o que Demócrito queria dizer, tudo isso volta: uma incrível capacidade de pensar. Bem naquele momento o cristianismo é tomado por uma tremenda sanha missionária assassina. É bem naquele momento que se queimam heréticos como se acendem cigarros. Onde 60 mil mulheres são enforcadas, esquartejadas, queimadas Europa afora. A resposta é simples; é porque o mecanismo é o seguinte: quando você coloca alguém numa posição de duvidar da própria fé, ele vai corrigir essa dúvida nos outros, e não nele mesmo. Então, se eu começo a duvidar da minha fé porque alguém me diz que talvez, sei lá, a Terra seja redonda ou então que a Terra talvez não esteja no centro do universo, é exatamente a partir desse momento que eu preciso pegar Galileu e dizer: "Retrate-se, ou então eu te dou um trato do meu jeito". A minha dúvida, eu a resolvo no outro. Transforma-se diretamente em perseguição, e isso começa muito cedo na história do primeiro cristianismo, onde, por falta de sorte, a mensagem cristã encontrou algumas personagens altamente patológicas, chamadas Paulo, Agostinho, Clemente de Alexandria e companhia; essa não era sequer a igreja de Jerusalém. Seria muito bom a gente se lembrar, por exemplo, de que Tiago, o irmão de Cristo, tinha um problema seríssimo com Paulo – eu chamo Paulo porque São Paulo para mim é uma cidade –, então, o que aconteceu é que isso colocou não só o cristianismo na direção da perseguição de um cristianismo diferente possível, mas colocou, sobretudo, no centro da cultura ocidental, que já era uma cultura machista e patriarcal por conta própria, o ódio pela mulher, a misoginia.

Osentido
da vida
obriga-nos
a sermos felizes

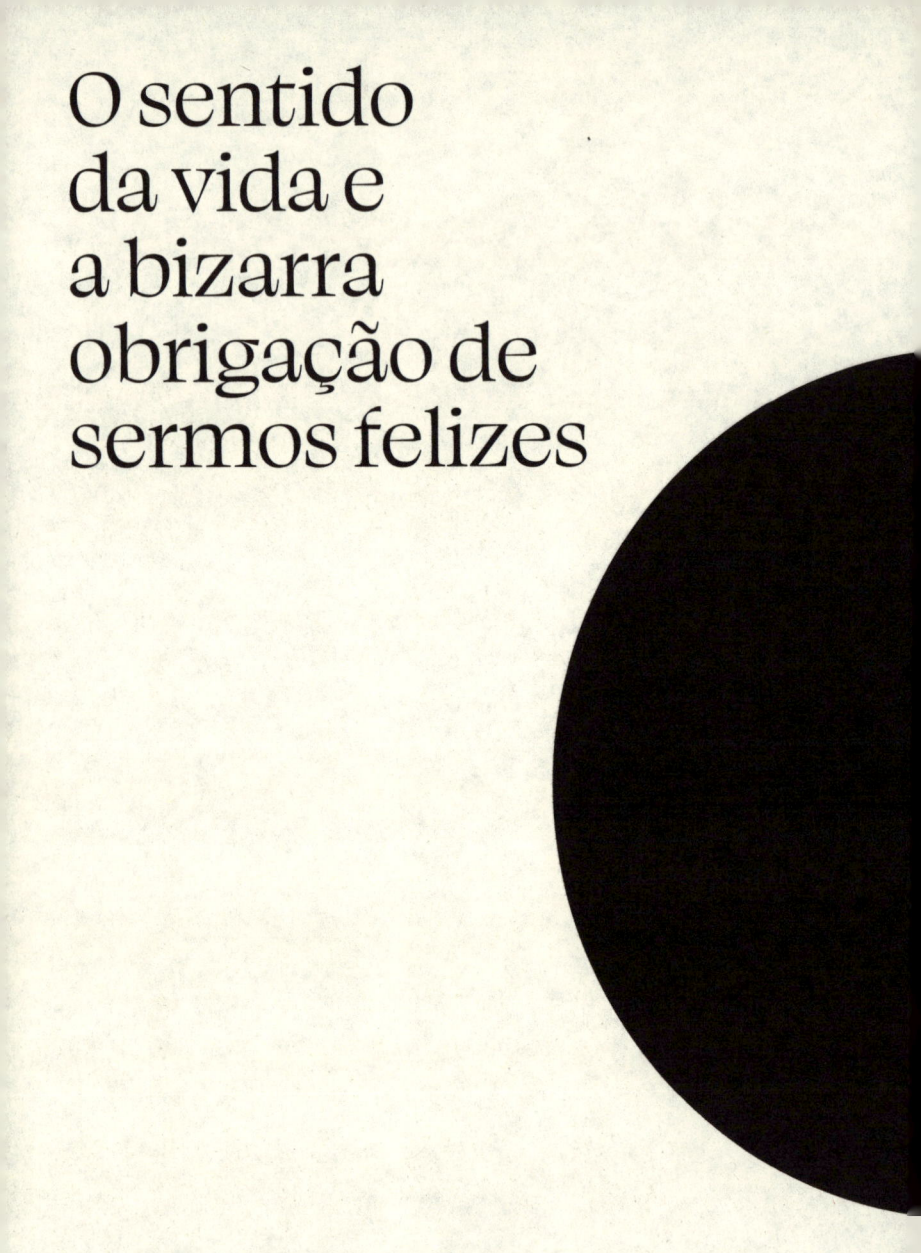

O sentido da vida e a bizarra obrigação de sermos felizes

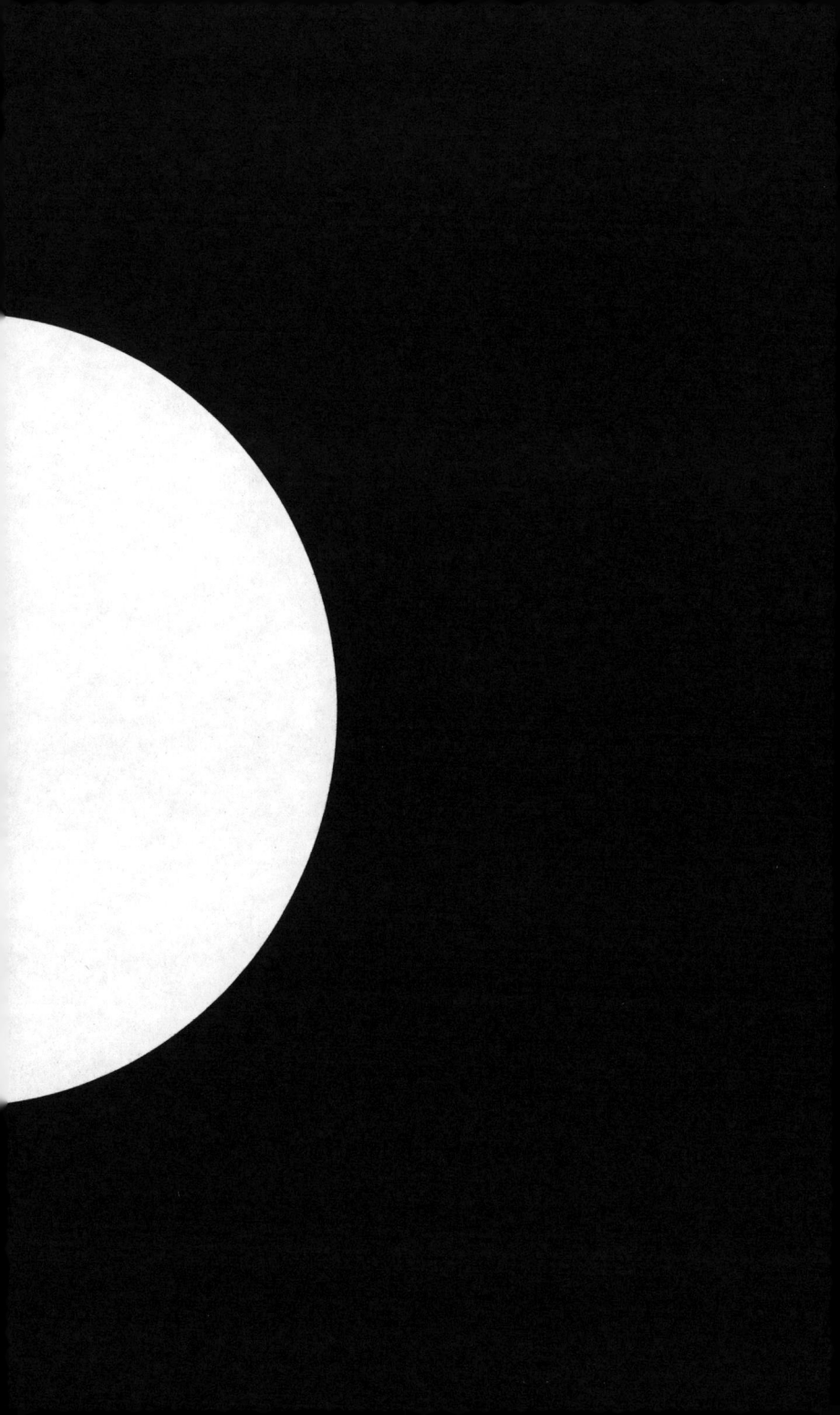

Um dos cômodos do apartamento da minha infância era chamado, misteriosamente, *il tinello* – digo misteriosamente porque em italiano *tinello* significa "sala de jantar", mas esse cômodo era completamente coberto de livros, do chão até o teto, por quase todos os lados.

A biblioteca continuava fora do *tinello*, em armários fechados, dos dois lados do corredor que dava para os quartos.

Essa biblioteca, que era a biblioteca do meu pai, tinha uma qualidade extraordinária que não consegui aprender com ele: ela tinha um catálogo, que fazia com que você pudesse realmente encontrar o livro que procurava.

Na minha biblioteca não é assim. Nela, aliás, muitos livros existem em dois ou três exemplares, porque, como não encontro nunca o livro do qual preciso, eu o compro novamente. Substituí o catálogo pela recompra.

Mas vamos ao fato. Eu devia ter 11 ou 12 anos, não sei mais exatamente. Frequentava a escola pública – que era laica, mas em termos: o ensino público na Itália daquela época incluía uma aula de religião católica semanal. Era possível ser dispensado dessa aula, mas o meu pai, embora provavelmente ateu (ou, no mínimo, agnóstico), não se opunha à minha instrução religiosa.

Eu fiz, portanto, tudo o que era necessário e previsto: catecismo, primeira comunhão e crisma. Até ganhei medalha de prata num concurso de catecismo do arcebispado de Milão. E não sei por que não foi de ouro.

A minha avó materna era quem se encarregava de minhas práticas religiosas e me levava à missa aos domingos.

Um dia, aos 11 anos, decidi provocar o meu pai. Suponho que fosse o dia de Páscoa daquele ano, porque me lembro de que lhe perguntei: "Você não vem para a missa nem hoje?". Disse "nem hoje" porque, se há um dia do ano no qual um cristão vai para a missa, é a Páscoa. Contrariamente ao que o comércio gostaria que acreditássemos, o Natal é muito menos importante do que a Páscoa. Poderíamos não celebrar o aniversário de Jesus, mas o cristianismo não seria nada sem o mistério da ressurreição.

Meu pai estava sentado numa poltrona da biblioteca (o tal *tinello*), e eu estava em pé. Sem se abalar (ele raramente se abalava), apontou para as estantes ao redor da gente, as quais estavam repletas, mas, como todas as estantes que se respeitem, apresentavam alguns espaços vazios, aberturas que correspondiam às divisões temáticas ou cronológicas. Logo ele me respondeu: "Por mais que haja livros, por mais que a gente leia ou escreva, sempre haverá buracos nas estantes, e, aliás, é importante que a biblioteca tenha buracos nas estantes". Talvez eu tenha achado que fosse uma espécie de dica de decoração para minha biblioteca futura. Mas não era o estilo dele. A seguir, ele apontou para uma estante específica, que estava na minha altura, à minha esquerda; essa estante estava completa, bem cheia, e no meio dela tinha uma Bíblia preta e pequena, uma Bíblia protestante, em italiano, La Sacra Bibbia. Ele me pediu que pegasse aquele volume, eu o peguei, e ele me perguntou o que tinha agora no lugar onde a Bíblia estava antes; eu respondi: *un buco*, um buraco, exatamente o ele esperava que eu dissesse. Daí, ele concluiu: "Há livros que são escritos para tapar os buracos da estante, e há livros que são escritos para preservar os buracos na estante". Depois disso, ele me mandou colocar a Bíblia de volta no seu lugar e acrescentou: "Olha, eu não sei se a Bíblia foi escrita para isso, mas o fato é que é um livro que está sendo usado para tapar os buracos nas estantes". Eu fiquei puto, porque achei que ele estava gozando da minha cara (não estava). Desde então, aliás, comecei a implicar com as Bíblias protestantes, e logo passei a usar a versão latina de São Jerônimo. Mas nunca parei de me perguntar, quando leio – não só a Bíblia –, quais são os livros que tapam e quais são os livros que preservam os buracos nas estantes. Ou, então, como funcionam os livros que tapam e como funcionam os que preservam os buracos nas estantes.

Os buracos nas estantes, que, então, não eram uma dica de decoração, eram, para o meu pai, uma alegria. Era como se eles arejassem a vida da gente. Meu pai achava sempre melhor conviver com os buracos do que tapá-los e circular sempre entre estantes completas.

Algo dessa alegria permaneceu comigo, no sentido de que não só eu tenho hoje – mas não foi sempre assim – uma certa dificuldade com os livros que tapam os buracos na estante, como também com os livros que tentam transformar os buracos em fardos existenciais, dramas ou tragédias da experiência humana.

Em outras palavras, desconfio de todos os livros que transformam a nossa eventual falta de certezas em sofrimento. Nesses livros, o fato de que não conseguimos descobrir o suposto sentido da vida (ou que não sabemos inventá-lo) se transforma numa dolorosa aflição que nos define. Para os amigos que leem filosofia, digamos, por exemplo, Kierkegaard, Heidegger e Lacan (que meu pai certamente não leu, mas lia Kierkegaard e deve ter lido um pouco de Heidegger), meu pai teria achado que, às vezes, esses autores parecem viver uma espécie de viuvez ou de orfandade permanentes e inúteis. Para eles, o medo, a angústia, a preocupação ou a falta nos constituem: o fato de que não há e nunca haverá um livro que possa tapar os inúmeros buracos nas inúmeras estantes torna-se uma penosa, sofrida, mas heroica aventura, própria à "condição humana".

Talvez essa visão um pouco dramática dos nossos buracos seja melhor do que qualquer catecismo que pretenda tapá-los. Certamente, meu pai acharia exagerado o desespero de Kierkegaard diante do silêncio de Deus, mas o preferiria a qualquer regozijo de quem acredita que sua fé possa preencher o mundo de sentido.

Agora, a ambos esses humores, ele preferiria o amor pela vida concreta de quem desiste de procurar o grande sentido da vida em prol de uma convivência intensa e animada com a mulher amada. No caso de Kierkegaard, ele teria gostado de mais alegria com Regine Olsen e menos aflição pela ausência de Deus.

Certo, podemos nos questionar sobre qual é o sentido da vida. É até possível que a insistência dessa pergunta (por mais vã que seja) tenha contribuído bastante para a evolução de nossa espécie – possivelmente nos acostumou a pensar, questionar e inventar. Mas, sem aflição excessiva pela falta de respostas satisfatórias, seria interessante percorrer com alegria o emaranhado de caminhos pelos quais a gente delimita os buracos na nossa estante. "Com alegria" significa aqui não sermos transfixados pela falta de um livro, de uma doutrina ou de uma prece que conseguissem tapar os buracos nas nossas estantes.

Heidegger, justamente, escreveu um livro maravilhoso que começa com o seu melhor texto sobre o que é uma obra de arte ("A origem da obra de arte", no sentido em que a obra de arte seria a origem da natureza e do mundo). Esse livro se chama *Holzwege*, que significa exatamente "caminhos que não vão para lugar algum". *Holzwege* são, em alemão, os caminhos na floresta abertos pelos lenhadores para poder transportar os troncos depois do corte: por esses caminhos não se vai para lugar algum, só se entra na floresta até chegar a um ponto de onde só dá para voltar. Deveríamos todos percorrer com alegria, na nossa cultura e no nosso pensamento, caminhos que não precisam ir a lugar nenhum, que apenas nos dão acesso a alguns buracos na floresta.

Dois anos atrás, eu fiz duas viagens de pesquisa para um livro que estou muito a fim de

escrever faz tempo, que é um livro sobre a Europa
– sobre o que significa, para mim, a Europa. Será
uma mistura de memórias, palavras, eventos,
atos e imagens que fazem parte do meu passado
e do passado da Europa. Um dos lugares onde
eu passei dois dias na primeira dessas viagens é
um município não muito longe de Milão, 25 quilômetros mais ou menos, que se chama Mesero
(leia-se "Mésero").

Em abril de 1945, imediatamente no fim
da Segunda Guerra, meu pai foi nomeado prefeito de Mesero e ficou nessa função pouco
menos de um ano – depois disso, voltou para
Milão. Ele foi nomeado pelo comitê de liberação nacional; era *partigiano*, por assim dizer,
independente, ou seja, sem filiação partidária,
coisa relativamente rara. A imagem mostra
um grupo de *partigiani* do Val d'Ossola (leia
-se "Óssola"), que é um dos vales ao norte
do Piemonte, onde a resistência antifascista
lutou, sobretudo em 1944 e 1945, contra a

milícia fascista e o exército alemão. O vale mais perto de Mesero, de fato, era o Val Sesia (leia-se "Sésia"), a uns 45 a 50 quilômetros de distância, e o Val Sesia foi mais relevante para o meu pai, que, desde agosto de 1943, tinha deixado Milão com minha mãe, meu irmão recém-nascido, uma irmã (Rosalia) e a mãe dele e tinha se instalado, justamente, em Mesero, na casa de outro irmão dele (meu tio Bernardino), o qual permaneceria prisioneiro de guerra dos ingleses até o fim de 1945.

Enfim, tudo isso aprendi muito depois; naquela época, eu não tinha nascido e sequer era um projeto: nasceria três anos mais tarde.

Presumo que meu pai se mudou para a casa do meu tio, em Mesero, em agosto de 1943 (Milão sofreu, nessa época, os bombardeios mais intensos). Presumo também que ele entrou nas fileiras da resistência a partir de setembro de 1943, quando Mussolini, com o apoio dos alemães, tentou reorganizar e manter uma nova república fascista, que ainda hoje os italianos, com um diminutivo de desprezo, chamam de *repubblichina*.

Enfim, é provável que, do Val Sesia, os *partigiani* feridos ou doentes fossem levados para Mesero, onde seriam, às escondidas, tratados pelo meu pai. Também era provável que, quando a polícia fascista ou alemã o procurasse diretamente, ele subisse na sua bicicleta e pedalasse até o Val Sesia – 50 quilômetros não eram nada demais, salvo que, no último pedaço, era preciso subir até ao Alto Val Sesia, a alta montanha.

Por que escolhi uma fotografia de *partigiani* do Val d'Ossola e não do Val Sesia? Não tenho fotos de meu pai de armas na mão; decididamente não era a pose dele: nas fotos que eu tenho dele naquela época, geralmente ele aparece sentado perto de um casebre ou na natureza, lendo um livro.

Se escolhi esta fotografia (p. 91) é porque algo nela me lembra imediatamente a minha infância:

Partigianos lutam e recuam dos nazifascistas em outubro de 1944, próximo à fronteira suíça.
Fundo fotográfico do Instituto Histórico Piero Fornara, Novara.

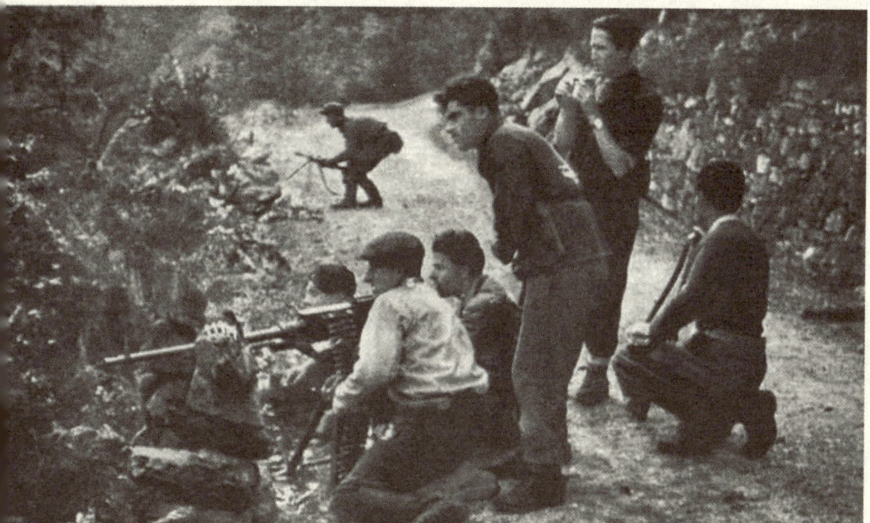

Essa metralhadora com tripé na frente é uma Breda 37, para quem se interessa por armas da Segunda Guerra Mundial. Durante toda a minha infância, até o fim dos anos 1950 no mínimo, no porão do apartamento dos meus pais, numa caixa, supostamente fechada, mas que meu irmão e eu abríamos facilmente, tinha uma Breda 37, exatamente essa metralhadora, pronta, lubrificada, com mais de uma longa faixa de munições. Porque os combatentes italianos da resistência antifascista tinham uma confiança muito limitada na volta da democracia e, em grandíssima parte, não devolveram as armas até o fim dos anos 1950. O que aconteceu com aquela Breda? Não sei, mas em dado momento ela sumiu.

Eu, sobre essa época do meu pai, sabia muito pouco. Sabia que ele tinha sido antifascista, o que também não significava quase nada. Por exemplo, eu não sabia que ele tinha se envolvido na luta armada. Comecei a ter uma ideia do que tinha sido a posição dele durante a guerra e a vida dele e do meu irmão, que nasceu em junho de 1943 e que, portanto, viveu seus primeiros anos durante a guerra, quando, dois anos atrás, na viagem que mencionei, passei dias em Mesero, lendo os vários volumes de atas das sessões deliberativas da prefeitura, comovendo-me com a assinatura do meu pai embaixo de cada decisão. Eram histórias da vida cotidiana – de uma senhora Fulana que estava doente, de uma senhora Sicrana que tinha perdido a sua galinha; aquelas coisas que são, na verdade, o charme, o peso e a razão de ser da vida cotidiana. E me comoveu profundamente. Me comoveu no sentido seguinte: é que aí eu encontrava alguém, um homem, meu pai, que tinha sido combatente, arriscando a sua vida e a vida do filho de 2 anos, da mulher dele, que tinha 23 anos naquela época, e da minha vida nem se fala, porque como projeto eu estaria perdido se ele fosse morto àquela altura. Esse homem passa dois anos absolutamente malucos de ação e de tensão, e aí a guerra acaba, volta uma relativa tranquilidade democrática, e ele passa a cuidar realmente do cotidiano das pessoas de quem ele é prefeito. Da mesma forma, voltando a Milão, ao seu trabalho de médico cardiologista, internista e tisiologista, ele voltaria à clínica cotidiana, que pode ser feita de desafios, mas sem o radicalismo maníaco do tempo de guerra. Ele voltaria a tratar seus pacientes, com a grande vantagem de que tinham chegado os antibióticos e, imagino, com a sensação de que o cotidiano podia ser uma coisa profundamente boa.

Junto com os volumes das atas da prefeitura de Mesero, encontrei alguns envelopes e documentos que fotografei – entre eles, uma carta da qual vou ler um trecho para vocês. É uma carta endereçada ao meu pai por Silvio Arieti, que era o comandante do Comitê de Libertação Nacional da Lombardia. A carta é uma espécie de comenda e talvez de salvo-conduto, necessário sobretudo para alguém que, como meu pai, não tinha a proteção de um partido político instituído. A carta diz:

"Doutor Calligaris, todos em Mesero sabem a obra efetiva e generosa que você ofereceu por mais de dois anos à insurreição clandestina, com perigo gravíssimo para você e para seus familiares, e, como convidado a prestar juramento à república fascista, você respondeu com uma recusa decidida. Todos sabem em Mesero como foi a assistência fraterna que você prestou aos patriotas e à população como médico, como *partigiano* e hoje como prefeito, por isso o povo de Mesero etc. etc... assinado".

Era também uma espécie de carta de agradecimento no momento em que meu pai saía da vida política e voltava a Milão.

É uma pena que eu não soubesse disso tudo. Eu sabia que ele tinha sido antifascista, mas eu realmente não sabia que ele tinha sido militante e *partigiano*. Tinha uma suspeita, isso sim, por causa de uma metralhadora pesada exatamente como a que aparece na fotografia, e que reconheço facilmente; é uma Breda 37, dotação ordinária do exército italiano.

No porão da casa que era nossa residência e, depois disso, a partir dos meus 4 anos no porão do apartamento para o qual minha família se mudou, em uma caixa de madeira até o fim dos anos 1950, cuidadosamente engraxada, de maneira a poder ser usada a qualquer momento, uma metralhadora igual a essa, com mais de uma longa faixa de munições, esteve ali durante toda a minha infância, sem que ninguém me explicasse realmente por que estava lá. Em algum momento, no fim, foi devolvida às forças armadas, suponho. No que me concerne, sumiu, sem explicação.

Algumas coisas ficaram na mesma caixa: roupa de alta montanha, um uniforme da Wehrmacht manchado de sangue e uma pistola Beretta 7.65, que herdei ilegalmente, porque ela não tinha registro algum; era a arma-padrão de um oficial italiano da Segunda Guerra Mundial. Quando fui embora da Europa, eu a entreguei para o comissariado do bairro, em Milão, dizendo apenas: "Olhem, é uma arma da guerra", e ninguém me atrapalhou excessivamente por causa disso.

A explicação é que a resistência clandestina antifascista levou bastante tempo para confiar que a democracia iria se normalizar; por isso as armas não foram imediatamente devolvidas. Agora, eu não sabia disso tudo porque minha mãe e meu pai não falavam nada, não contavam nada; só havia esses objetos curiosos no porão.

Esse silêncio talvez fosse mais um ensino dessa extraordinária geração. O ufanismo não era com eles. Faz o que deves, e, se for muito além do que os outros imaginam, melhor assim, que ninguém saiba. O fanfarrão é covarde na ação e barulhento na bazófia.

Enfim, eu lamento. É uma pena que eu não soubesse nada dessa história e nunca tenha podido conversar sobre isso com eles.

Quando li a carta de Arieti que citei, dei-me conta de algo que já suspeitava, mas que, por assim dizer, se confirmou. Meu pai era médico por vocação, e os médicos, em geral, tendem a valorizar a vida; mas a vida em si, para meu pai, não era um valor absoluto – e me refiro não só à vida dele, mas também à vida da mulher dele, do meu irmão, que tinha um ano, ou à vida de quem quer que fosse. Suponho que o que ele me diria, se eu o questionasse sobre esse assunto, seria que a vida não pode ser um valor em si porque, justamente, um valor é aquela coisa pela qual é possível correr o risco de perder a vida. A vida não pode ser o valor maior, porque, ao contrário, a possibilidade de arriscá-la é o que nos permite medir o que eventualmente é um valor para nós.

Aqui as duas lembranças que evoquei se juntam. O que era valor para ele.

Aparentemente, ele tinha sido capaz de ações extremas, pelo menos do ponto de vista do risco incorrido, mas sem que essas ações fossem de alguma forma referidas a uma fé, qualquer que fosse – sem que elas se justificassem graças a algum livro feito para tapar buracos nas estantes.

Ele era *partigiano* azul. Havia os vermelhos, que eram comunistas e socialistas, e os que usavam lenços azuis no pescoço. Ele tinha certa simpatia pelo partido de Ação, onde se encontrava Bobbio, mas não era politicamente envolvido – não era envolvido com nenhum partido. Nunca se aventurou na política depois da liberação. Um traço que me impressionou lendo as atas da prefeitura de Mesero era o caráter humilde da "política" na qual de fato ele se engajou, que consistia em trabalhar para que uma senhora Fulana encontrasse as galinhas que fugiram do galinheiro dela – essas eram as questões levantadas e debatidas nas reuniões.

O que era valor para ele.

Essa história que acabo de contar é importante para explicar a relevância da terceira história, que aconteceu no fim dos anos 1960. Naquela época, eu acreditava em vários livros dos que tapam buracos nas estantes. Por exemplo, eu tinha um entendimento do fascismo que coincidia com o do 7º Congresso da Internacional Comunista, o Congresso de 1935, ou seja, resumindo muito, fundamentalmente, parecia-me que não havia nenhuma diferença significativa entre os fascismos e a democracia liberal: mesma dominação burguesa e mesmo momento da luta de classe, em última instância. O fascismo era apenas "a ditadura terrorista aberta dos elementos mais reacionários, mais chauvinistas e mais imperialistas do capital financeiro".

Eu sabia que meu pai tinha sido antifascista, mas não sabia até que ponto.

Decidi interpelá-lo, ou melhor, provocá-lo: "Tudo bem, eu sei que você foi antifascista, mas por quê? Você não é comunista, sequer socialista, você é liberal (isso, na época, para mim, era quase uma injúria). Por que, então, você teria sido antifascista? Em nome de quê?".

Numa conversa mais civilizada, eu poderia reconhecer com facilidade que muitos liberais entenderam perfeitamente que o fascismo era seu maior inimigo e pagaram o preço, de várias maneiras – com a vida, como Piero Gobetti, com o confinamento, como Benedetto Croce, como uma ou outra forma de ostracismo, como Luigi Einaudi. Acrescentaria, certo, que outros foram covardes e engoliram sapos na ilusão de comprar assim um cachorrão de guarda contra o socialismo e o comunismo; aconteceu tanto na Itália como na Alemanha e, no fim, os "liberais" em questão compraram um cão que eles nunca domesticaram e que os levou consigo até a ruína.

Mas não era essa trivial lembrança histórica que me interessava. Eu pensava de fato que o engajamento moral da resistência antifascista só pudesse se dar em nome de uma transcendência radical – a do comunismo, por exemplo.

E eu queria saber qual era, qual tinha sido a utopia dele. Ele levou bastante a sério a minha pergunta, silencioso por um bom momento. E finalmente me deu uma resposta que na hora me indignou (uma especialidade dele, como na história da Bíblia), mas depois ficou me questionando durante anos. Ele respondeu exatamente assim: "É porque os fascistas eram muito vulgares".

Eu fiquei petrificado, pasmo diante da ideia de que ele pudesse ter tomado posição por uma razão que afinal de contas se resumia a um juízo estético – nada a ver com a luta de classe, nada a ver com o que eu reconheceria como valores ideais, nada a ver com interesses econômicos. Só um juízo estético. Então, hoje, sabendo melhor qual foi o radicalismo do engajamento dele, ainda me pergunto: esses perigos gravíssimos citados na carta de Arieti foram, literalmente, pelo "desgosto" que ele sentia pelo fascismo?

E como se revelava, o que era a vulgaridade fascista que lhe era insuportável?

Itália – fascistas marcham sobre Roma
(28-30 de outubro, 1922).
Realy Easy Star/Alamy/Fotoarena.

• • •

Esse é um registro fotográfico de fascistas, presumivelmente nos anos 1920, no meio de um auto da fé: eles estão queimando livros, documentos, objetos.

Queimar hereges ou dissidentes com seus escritos, símbolos e pertences é uma forma extrema de estupidez. Mas há algo mais que torna essa imagem, para mim, quase intoleravelmente vulgar. O que é?

É o segundo homem, à direita, o homem de boné. Como quase todos os outros, ele olha para a câmera, ou seja, para nós; só que, mais do que os outros, ele está achando a situação engraçada. Isso, em si, poderia qualificá-lo apenas como um idiota, mas não se trata só disso: ele está esperando algo de nós, seus espectadores, ainda hoje. Seu riso tem a ambição de ser contagioso – ele supõe, em outras palavras, que nós, a um século de distância, também estejamos achando tudo isso engraçado.

Uma grande parte do meu trabalho acadêmico é sobre os grupos totalitários, mas não é necessário recorrer a teorias complexas para entender que os totalitarismos teriam menos chances de existir e de se consolidar se nós todos, rigorosa e sistematicamente, nunca achássemos graça nas piadas dos idiotas – nunca, mesmo, e sobretudo quando nossa cumplicidade for covarde, como quando a gente se força a rir para não se indispor com um chefe ou para não contrariar a expectativa de alguém que imaginamos mais poderoso do que a gente.

Nada atrapalha um idiota tanto quanto a eventualidade de que, quando ele conta uma piada, nem todo mundo ache engraçado ou sinta a necessidade de rir com ele. Não achar graça é realmente um mecanismo fundamental de oposição ao grupo totalitário – a base do dissenso.

Mas estou racionalizando. Estou explicando o que ele chamava a "vulgaridade" do fascismo pelo pedido constante de cumplicidade que de fato emana de qualquer grupo totalitário: quem não está conosco (quem não acha graça) está contra nós.

Claro, a espera de que sejamos cúmplices nos humilha e nos rebaixa (esse cara de boné pensa que somos todos tão covardes quanto ele). Mas suspeito que meu pai enxergasse no fascismo uma vulgaridade mais primária: o tipo de feiura que não exige explicação porque ela aparece numa espécie de juízo estético imediato.

E era esse o escândalo, para mim. Por um juízo estético (que me parecia pouca coisa), ele tinha se engajado numa luta arriscada, para ele e para os seus.

Sobretudo naqueles anos, mas também durante muitos anos depois daqueles, eu estava acostumado a pensar que o que movimenta uma vida são os juízos éticos, não os juízos estéticos.

Li Kierkegaard, justamente, muito cedo, e começando por um livro – *Aut-aut* ("ou isso ou aquilo") – que se inicia com aquela frase famosa: "Meu amigo, não tem outras alternativas, ou vida estética ou vida ética", que me impressionava como uma escolha entre a futilidade estética e a seriedade ética.

Na verdade, o próprio Kierkegaard achava essa escolha bem complexa, sempre se perguntando se ele se permitiria uma vida amorosa ou ficaria, como ele decidiu por fim, fechado em si mesmo, tentando um diálogo impossível com Deus, que, claro, não lhe respondeu nunca – pelo menos não como teria lhe respondido a mulher que ele amava, Regina Olsen. Mas a questão inicial e central em *Aut-aut* parecia mais simples aos meus ouvidos: ou você vive pelos seus princípios ou você vive à procura de sensações agradáveis. Dá para comparar?

Aí aparece meu pai, que me diz que arriscou a vida não porque o fascismo contradizia seus princípios, mas porque o fascismo era "vulgar".

A primeira parte de *Aut-aut* é o que Kierkegaard chama de "diário de um sedutor", ou seja, de alguém que escolheu a vida estética. João, o sedutor, é uma espécie de beija-flor que voa de flor em flor, de prazer em prazer, e não pousa nunca. No caso, o beija-flor deveria ser o meu pai, que agia por razões estéticas, mesmo na hora de decisões importantes, como a de pegar em armas para combater o fascismo.

Agora, meu pai não se parecia com João, o sedutor. Ele estava com a minha mãe e com a gente e praticava a medicina como uma missão, nos sete dias da semana: em suma, era uma pessoa muito séria, que não parecia pular de galho em galho.

Resumindo, ele não se parecia com João, o sedutor. Dizia, sim, ter feito escolhas radicais a partir de uma apreciação estética, mas era como se ele levasse a apreciação estética muito a sério, talvez mais a sério do que um "grande princípio", do qual, aliás, ele desconfiaria por estar provavelmente em livros escritos para tapar buracos nas estantes.

Para ele era possível fundar uma linha de conduta moral, não em algum sentido do mundo, mas num juízo estético. E, pensando bem, não é tão estranho, porque, quando você quer realmente convencer uma criança pequena de que ela fez algo muito errado, você lhe diz que o que ela fez é feio. A gente usa a estética como recurso para ajudar uma criança a entender o que é certo e o que é errado, antes talvez que uma medida moral dos atos lhe seja acessível.

Para meu pai, o juízo estético, mais do que uma doutrina e mais do que uma utopia social qualquer, era capaz de fundar uma linha de conduta.

Certamente, para ele, o juízo estético não avaliava só a arte ou a natureza, decidindo o que seria belo e o que não seria, mas também era uma atitude geral diante da vida, uma decisão, se posso me expressar assim, de viver belamente.

Vocês sabem que pensar no juízo estético como uma espécie de critério moral é geralmente considerado uma atitude "vergonhosamente" hedonista – tipo "oh, o cara gosta de sensações agradáveis".

Hedonista se tornou por si só uma crítica moral. Como se fosse possível a um humano não preferir o prazer ao desprazer. Como se preferir o prazer fosse uma falha moral. É uma curiosa e pesada herança cristã na nossa cultura: o sofrimento e a privação ganham pontos aos olhos de Deus e presumivelmente facilitam nosso acesso ao reino dos céus. O prazer, ao contrário, seria sem mérito, a escolha pelo mais fácil.

A realidade é exatamente o contrário disso. O sofrimento e o desprazer (sobretudo autoinfligidos) são quase sempre escolhas bovinas (que os bois me perdoem), inertes e resignadamente ignorantes. Enquanto o hedonismo, a procura do prazer, pede um esforço contínuo de atenção ao mundo e um aprendizado sem fim.

Como aproveitar o mundo sem cultura? Você gosta de vinho? Pois bem, não há como se aproximar do prazer que ele proporciona sem se apropriar, em alguma medida, da cultura (de fato, imensa) que é necessária para produzi-lo.

Não há como apreciar um Pinot Noir se você não apreende a diferença entre um Pinot Noir e, sei lá, um Malbec, ou ainda entre um Pinot Noir da Borgonha e a mesma uva do Alto Adige italiano. Os apreciadores de vinho são capazes de conversas intermináveis sobre seu prazer, e essas conversas podem parecer chatas aos ouvidos de quem prefere outros prazeres. O mesmo poderíamos dizer sobre os apreciadores de charutos, de culinária, de cavalos de corrida puro-sangue inglês, de moda, do realismo flamengo do século 17, de pratas e joias da Renascença italiana, de cachorros, gatos, *netsuke* eróticos japoneses do período Edo... etc.

O hedonismo é um projeto de dedicação e atenção ao mundo, exatamente como o projeto de contemplar e apreciar uma obra de arte é um projeto de dedicação e de atenção à obra.

Por isso mesmo, é quase delirante a censura que acusa a modernidade de ser hedonista e venerar os prazeres "imediatos", como se hedonista fosse justamente quem tem pressa de gozar e curtir. Essa crítica do suposto imediatismo hedonista (o "quero gozar já", que seria a vontade dos modernos) é a expressão de uma cultura que aposta sempre na mortificação da carne e na suposta luta contra a tentação. De fato, e infelizmente, somos uma sociedade muito pouco hedonista, por nossas raízes cristãs – pelas quais o sofrimento e a penitência nos tornam merecedores – e também porque somos distraídos demais para sermos hedonistas. O hedonismo, assim como qualquer apreciação estética, exige uma extrema atenção ao mundo, e ninguém é hedonista com o celular na mão. Alguém perguntará: não pode haver uma apreciação hedonista do celular, que por isso mesmo estaria sempre na palma da mão? É uma possibilidade, claro. Outra possibilidade é que o celular seja um equivalente geral de nossa dificuldade em prestar atenção ao mundo, ou seja, de nossa constante distração.

Aviso aos turistas. A câmera do celular e a selfie inventaram um jeito novo e original de fixar eventos na memória: imortalizamos o momento em que damos as costas para o evento, o monumento ou a obra de arte que seriam as fontes de nosso prazer. Estão vendo a Mona Lisa atrás de mim? Pois é; meu prazer, minha fruição sutil e intensa da obra acontece justamente enquanto olho para a câmera e para vocês.

Será que o celular e vocês atrás da câmera dele são meu verdadeiro objeto de apreço e fruição? Ou será que não sei mais acessar Mona Lisa alguma, distraído que estou (sou?) pela câmera e pelo suposto sorriso dos amigos do Face, dos seguidores do Insta e do Twitter etc.?

Outro aviso. Nenhum hedonista visita o Louvre num dia – nem em três, aliás. A gente deveria entrar nos museus decidido a ver no máximo três quadros; é preciso fazer o luto dos outros. Mesmo se se tratar de sua primeira visita, antes de entrar no Louvre, escolha de uma a três obras das quais você espera alegria e prazer – que sejam famosas ou não, tanto faz. Ao entrar, pergunte em que sala elas estão, vá direto para lá e fique com elas um minuto ou a tarde inteira. De qualquer forma, ninguém aprecia mais do que três obras de arte na mesma tarde, simplesmente porque ninguém presta atenção em mais de três obras na mesma tarde.

O problema do prazer estético é sempre, antes de mais nada, um problema de atenção, e um mundo de prazeres é uma promessa que se realiza só para quem sabe prestar atenção.

Uma cultura distraída nunca será uma cultura hedonista, porque, simplesmente, nunca será uma cultura disposta a fruir a vida com uma intensidade que valha a pena.

Um amigo me conta um caso, o qual não consigo saber se é um relato fidedigno ou uma piada. Tanto faz. Uma amiga nossa comum, que estamos sempre zoando por causa do uso exagerado do celular, chega num velório. Como esperado, entra na sala com o celular na frente dos olhos, às cegas. Bem no momento em que ela pergunta para uma prima, num tom médio, "Qual é a senha aqui?", ela esbarra num dos cavaletes que sustentam o caixão. No silêncio que se instala, levanta-se uma voz do público: "Respeite o morto". A nossa amiga sequer entende que a voz do público podia ser uma admoestação e, sem afastar o celular dos olhos, convencida de ter recebido uma resposta, ela pergunta de novo, quase em voz alta: "Caixa-alta ou caixa-baixa?".

Presumo que nossa amiga tenha, assim, perdido a ocasião de viver um luto importante. Na hora de chorar uma perda, ela se distraiu.

A distração é perigosa: à força de caminhar com o nariz enfiado na tela, podemos cair, sei lá, num bueiro. Mas talvez mais graves sejam as consequências menos concretas: com nossa atenção na tela, podemos sobretudo avançar numa vida cada vez menos interessante, uma vida que valeria cada vez menos a pena.

Fruir da vida só é possível para quem não se distrai; para quem, ao contrário, mantém um esforço constante de atenção à vida. O esforço, obviamente, não garante que a vida nos reserve só coisas boas, mas a primeira coisa boa é a própria atenção às coisas da vida. A desatenção e a distração são perigosíssimas. Muitos suicidas, se não todos, morrem não de tédio, mas de tanto se distrair da vida. Pois de que adianta viver uma vida na desatenção? Por que valeria a pena viver uma vida que sequer parece exigir nossa atenção?

O suicídio, aliás, torna-se especialmente atraente numa vida desatenta. Morrer se torna fascinante por ser um ato realmente excepcional: se a vida não merece sequer minha atenção, quem sabe a morte seja, enfim, o único ato realmente digno de nota. Muitos adolescentes sonham com seu suicídio como se aquilo fosse o único ato pelo qual eles seriam levados (ou se levariam) a sério. Por isso mesmo, não é raro que eles simpatizem com o fascismo, que quase sempre alimenta uma fascinação erótica pela morte: quem precisa viver algo "extraordinário" sempre olhará para a morte com uma certa simpatia. E quem precisa viver algo extraordinário, geralmente, perdeu o encanto do trivial e do cotidiano, ou seja, atravessa a vida como uma história entediante.

. . .

Como e quando surgiu a ideia de que juízos estéticos poderiam nos orientar na vida, ou seja, nos dizer o que é certo e o que é errado sem que a gente precise recorrer a livros que geralmente servem para tapar buracos nas estantes?

Achar feio e achar bonito poderiam ser critérios morais simples, imediatos e úteis.

Nem tudo o que é bonito é certo, e nem tudo o que é feio é errado. Mas a feiura do mundo acarreta um certo peso moral negativo, como manifesta o que dizemos com frequência às crianças, que o que elas fizeram foi "feio".

Há uma diferença entre belo e bonito. O belo tem um quê de épico e solene que o torna mais próximo de uma qualidade não "apenas" estética, mas também moral.

Ou seja, e se a gente não precisasse se orientar por outros princípios na tentativa de evitar a feiura do mundo? Não seria nada mal. A nossa apreciação estética fundaria nossas inquietudes morais e nossas escolhas. O desespero produzido pelo sublime (sua relação com a falta de limites) faz com que todas as nossas dificuldades em lidar com os limites do mundo (espaço-temporais e mais ainda limites de um sentido fechado), sejam, então, indicadores morais: os limites abertos e desesperadores são indicadores de moralidade – uma espécie de *memento mori*, ou *memento infiniti*, que nos lembra o que é moralidade (as estantes abertas, com buracos).

A *kalokagathia* grega pode ser entendida como uma pose ou uma postura, quase uma elegância pré-dandista, e o dandismo como uma volta do homem clássico, uma afirmação final e definitiva do homem renascentista, do homem *aestheticus* sobre o homem *ethicus*.

(Eu gostaria de propor uma nova Renascença: recolocar a alternativa de Kierkegaard, mas não entre volubilidade e constância; o que me importaria seria a oposição entre prazer da experiência estética e uma escolha que não levaria em conta o prazer.)

A própria ideia de uma apreciação estética como forma de conhecimento do mundo é uma ideia moderna; nasce no século 18.

Agora preciso fazer aqui algumas observações muito rápidas sobre o que chamo de "brecha".

Dizer "a brecha" sugere que a mudança teria sido repentina, o que não é o caso.

A modernidade ocidental é uma cultura na qual o indivíduo é um valor maior do que a coletividade. Essa ruptura é uma brecha, uma ruptura, mas que vai se abrindo aos poucos. O seu primeiríssimo começo, sem dúvida, é a própria chegada do cristianismo, que é uma religião profundamente individualista – o que não significa egoísta, nem um pouco; significa que o indivíduo e a sua liberdade são maiores e mais importantes do que o coletivo. Sedução exercida em mim, aliás.

Segue um resumo em termos ensaísticos, mas que será contado como história (da educação familiar, por exemplo).

Há pessoas que defendem a família cristã como um valor. A família nunca foi um valor cristão. A família é estraçalhada por Cristo; ao aluno que lhe pede: "Mestre, deixe que eu vá sepultar o meu pai", Cristo responde: "Não, deixa os mortos enterrar os mortos e vem comigo já". Isso não significa que a gente não tenha que respeitar os pais, mas certamente a hierarquia familiar não está no início da lista dos valores cristãos, não é uma prioridade para o Novo Testamento. No Antigo Testamento, ao contrário, a família é um valor prioritário; então, pode-se dizer que a família é um valor bíblico, sim, mas não um valor cristão.

A Bíblia surge para consolidar a tradição judaica quando ela se considera ameaçada, na volta do jugo dos judeus na Babilônia. Para proteger uma tradição, nada melhor do que a família, que é um instrumento de reprodução social.

O Novo Testamento, ao contrário, surge para promover uma nova religião; ele só pode ser oposto à família e a todos os aparelhos de reprodução social. A família cristã, inevitavelmente, prega a desobediência do indivíduo, chamando a decidir e agir contra a tradição.

A modernidade começa com o cristianismo (mesmo que imediatamente depois, uma vez consolidado, o cristianismo a combata).

A modernidade avança no século 9 e mais ainda nos séculos 12 e 13; seus fatores decisivos são circunstâncias que favorecem o indivíduo – por exemplo, a urbanização, deslocamentos e migrações, contato com a diversidade étnico-cultural etc. Chegamos assim ao século das luzes, como chamamos o século 18, mas que começa muito antes, nos séculos 16 e 17. Fatores das luzes: 1) a ideia de que as normas instituídas devem ser as mínimas possíveis (em número e extensão; o essencial é que as regras devem existir para servir à convivência, não pelo gozo que permitiriam ao soberano); 2) a ideia, quase um corolário, de que tudo que não é proibido é permitido. Quem pratica psicoterapia sabe que na maioria das pessoas não é assim: a gente se proíbe quase tudo o que não é explicitamente permitido.

Em geral, e aqui está a razão da antipatia do cristianismo pela modernidade, que acontece a partir desses séculos (16, 17 e 18) e na sua aceleração final, é a valorização da imanência, ou seja, o que faz com que a vida valha eventualmente a pena não está mais fora da vida concreta da gente; não é mais separado da vida, mas está nela.

Agora, como se julga, então, uma vida como boa ou não boa se seu interesse não é mais separado dela? Pois é. Julga-se de dentro. Seu interesse não está mais no além, não está mais nos prêmios ou nos castigos da eternidade; tampouco somos dirigidos por uma lei que deveria sua autoridade a uma transcendência divina, seja ela qual for.

Como, então, julgar se uma vida é/foi boa ou não? É exatamente nessa altura que a brecha moderna inventa o juízo estético. Ao longo do século 18, é produzida uma quantidade absurda de tratados de educação do gosto, educação da experiência estética. Montesquieu, Voltaire e Kant são apenas os primeiros que me vêm à cabeça; é realmente um mundo inteiro de pessoas pensando e refletindo sobre como é que nasce o juízo estético, até chegar à formulação kantiana, a mais perfeita forma de pensamento ocidental sobre o julgamento estético: no fundo, quando julgamos uma obra de arte, o que julgamos é uma finalidade sem fim, ou seja, uma coisa que não tem outra finalidade fora dela mesma. O que é uma excelente definição de obra de arte, mas que talvez se aplique também às nossas vidas, as quais, quem sabe, não tenham outra finalidade fora delas mesmas.

Então, essa época em que tantos ocidentais se debruçam sobre qual é a experiência da arte e do belo é também o momento em que surge a ideia que eu acabo de vender: a de que a vida é a obra de arte de cada um, a mais importante, a mais valiosa e talvez também a única. A experiência da vida é uma experiência criativa de uma obra de arte. A vida de cada um de nós é a sua obra de arte.

Isso acaba sendo o programa explícito dos românticos ingleses, por exemplo, dos românticos alemães, dos dândis do fim do século 18 e do começo do 19. Mesmo sem isso, essa ideia atravessa toda a modernidade e chega até nós.

Se as nossas vidas fossem julgadas pela sua qualidade estética, eu estaria tendo uma vida feia ou uma vida bela? E o que isso quer dizer? O que é uma vida boa por ser bela? Claro que não depende da cor da camisa que escolhi para hoje, não depende do corte do meu terno, nem, em geral, do meu "estilo" – o que seria meu estilo? Em tempos diferentes da minha vida e do mundo...

Eis que chegamos mais perto da "vulgaridade" dos fascistas, segundo meu pai.

Os dândis chamam de *fineness* um certo tipo de elegância que não está só na roupa, mas numa atitude constante; um estilo que talvez seja o oposto da vulgaridade.

O estilo é, nas luzes, o processo de individuação da vida.

Se nossa escolha moral for tão singular e espontânea quanto a escolha estética, seremos assustadoramente livres. O juízo estético vem do âmago da nossa subjetividade, é uma decisão que mal conseguimos explicar aos outros. Estou vendo uma obra e achando-a sensacional, enquanto o outro que veio comigo até aqui acha que não é grande coisa. E não conseguimos, no fundo, explicar o porquê um ao outro; não por isso, necessariamente, a gente vai se odiar, aliás.

Dessa extrema liberdade nós não paramos de fugir. É o que a gente mais faz: fugir da extrema liberdade que a modernidade nos deu. No caso, fugir da liberdade de poder inventar nossas vidas sem ter que invocar uma transcendência, simplesmente achando certo e belo agir de uma certa maneira e não de outra.

Preferimos, no fundo, sempre ou periodicamente, pedir um sentido na vida a alguma transcendência que nos imponha um freio, que coloque limites na nossa liberdade de ser, que nos dê uma unidade de medida, um sentido que venha de fora.

Tenho muito carinho pela expressão "fuga da liberdade", por uma razão que vou lhes contar muito rapidamente. Em 1966, quando eu estava mergulhado na contracultura – não sabia muito bem o que era a cultura, mas eu era contra –, fui fazer o que a maior parte das pessoas com 18 anos fazia naquela época: fui para a Índia. Assim como os jovens românticos iam para a Itália, os jovens dos anos 1960 iam para a Índia e para o Nepal. No Nepal, o comércio das drogas era legal, liberado e oficial (não é mais, não vão para lá por isso, porque não é mais). Peguei um voo *charter* para a Índia que saiu de Amsterdã, e no aeroporto de Amsterdã me dei conta de que eu não tinha levado nenhum livro; comprei uma edição de bolso de um livro de um psicanalista. Naquela época, eu não sabia que um dia me tornaria psicanalista, nem tinha começado a minha análise. Aliás, a leitura daquele *pocket-book* aeroportuário talvez seja relevante na minha história intelectual. Era o livro de um grande psicanalista americano, Erich Fromm, intitulado *Escape from freedom*; esse livro me acompanhou durante a viagem toda e foi muito útil para que eu voltasse, porque aquela era uma viagem na qual era possível realmente se perder.

Bom, voltando ao nosso tema: é dessa liberdade (que a modernidade inventou) que nós fugimos. E fugimos como? A coisa mais sinistra é que essa invocação de uma transcendência que nos limite quase sempre começa com a projeção de nossas dúvidas, nossas tentações, nossas contradições nos outros. Nós tentamos resolver nos outros as dificuldades que temos com a nossa liberdade. Quanto mais temos liberdade, mais nos transformamos em algozes dos outros, porque nos outros tentamos reprimir a liberdade que não toleramos em nós mesmos. Um dos fatos mais terríveis para quem estuda a história da nossa cultura é que a gente costuma dizer "nós queimamos as bruxas, mas isso foi na época das Trevas". Só que não foi na época das Trevas: isso foi a partir do século 14, quando a razão humana era poderosíssima e estava começando a explorar e entender o que era o mundo, o universo. Foi uma das poucas épocas em que todo mundo concordava que a Terra era redonda – isso acabou. Era uma época em que a razão era poderosa, mas justamente por isso a descoberta de nossa liberdade fazia com que, como nunca, em nenhuma outra época, nós perseguíssemos quem pudesse pensar diferente: nós matávamos. Ou seja, foi uma época em que era impossível silenciar as dúvidas que acompanhavam qualquer fé numa transcendência, e por isso mesmo era preciso forçar os eventuais hereges, os representantes externos e concretos dessas dúvidas a professar nossa fé, como nós mesmos éramos incapazes de professá-la (por causa das dúvidas que nos atormentavam).

Essa época é a época em que nasce o que eu chamo de boçalidade.

Eu uso e tento promover "boçal" como um conceito. Boçal é aquele que responde ao medo de sua liberdade reprimindo no outro essa liberdade que o apavora. Então, boçal é aquele que reprime quem goza diferente dele, porque ele mesmo não se aguenta.

No fim do século 6, o papa Gregório (o Grande) quer mandar uma missão aos anglo-saxões, liderada por Agostinho, Bispo da Cantuária. Entre outros tópicos, Gregório e Agostinho debatem por carta para saber qual é o pecado e onde está a culpa se tiver pensamentos impuros no sono. A tal polução noturna é obra de quem? Gregório chega à conclusão de que não se pode comungar quando a polução provém de pensamentos torpes; mas, se ela procede apenas do excesso de comida e de bebida, nesse caso a polução noturna talvez não impedisse absolutamente de receber o sacramento.

Agora, imaginemos que Gregório ou Agostinho tivessem uma polução noturna sonhando estar transando entre si. Eles sairiam do sono fazendo o quê? Matando homossexuais. É assim que funciona a boçalidade. O medo do nosso próprio desejo nos leva a matá-lo nos outros.

Como acaba essa história? Bom, primeiro, quem está se enfrentando? De um lado, sem dúvida alguma, tem os boçais. Do outro lado, os antiboçais são numerosos e variados, mas eu gosto pelo menos de lembrar que entre os antiboçais têm um lugar de destaque os psicoterapeutas, porque eles realmente trabalham com a ideia de que, orientando alguém, não existem valores aos quais recorrer senão os que estão já lá, na mente de seus pacientes. Eles são os representantes da valorização da vida concreta de quem os interpela. De fato, tem só uma coisa que um psicoterapeuta não pode ser: ele não pode ser boçal. Ele não pode querer orientar o outro, porque, se ele quiser orientar o outro, vai ser sempre a partir do medo do que ele (o psicoterapeuta) teria de sua própria liberdade.

E como vai acabar essa luta? Não sei. Existe muita gente desesperada pela feiura de sua vida, realmente, e é possível que as pessoas desesperadas pela feiura de sua vida recorram a qualquer esperança de transcendência: elas sempre afirmarão essa transcendência impondo-a aos outros.

Talvez fosse um bom lugar para lembrar a responsabilidade da burguesia e seu fracasso – fracasso não tanto na supostamente esperada distribuição melhor das riquezas, mas na falência em embelezar a vida de todos. Na visão marxista, a burguesia tinha a responsabilidade histórica de criar e transmitir uma cultura que tornasse a vida bela ou suficientemente bela para ser aceitável. A aristocracia foi altamente bem-sucedida na tarefa de passar o bastão, ou seja, de criar e transmitir uma cultura que tornasse a vida suficientemente bela para a burguesia. Fracassando na tarefa de criar e transmitir uma cultura para o proletariado, a burguesia fracassou em sua missão histórica etc.

E hoje? Será que é possível que a modernidade morra e que os boçais ganhem? É possível que a brecha que se abriu nos séculos 16, 17 e 18 regrida e morra? Que ela se feche? Não é impossível.

SIGNORELLI, Luca. *Os condenados no inferno, do ciclo de afrescos do Juízo Final*, 1499-1504. Catedral de Orvieto, Orvieto, Itália.
S. Vannini/De Agostini/Album/Fotoarena.

●●●

Essa é uma capela que muitos reconhecerão, um dos afrescos de Signorelli no *duomo* de Orvieto. Signorelli não seria um pintor que meu pai escolheria, porque ele gostava dos pintores primitivos do fim do século 15, e o começo do século 16 já lhe parecia renascentista tardio e quase maneirista. Mas para mim tem uma grande importância, porque Freud fez alguns comentários a partir de um lapso que a lembrança de Signorelli lhe produziu. Também me lembro de quando entrei pela primeira vez, sendo adulto, na capela. Quando criança certamente já devia ter entrado lá, mas criança eu não prestava muita atenção, quer dizer, meu pai me levava para uma série de lugares e eu geralmente tentava me entreter com o que eu chamava de "minha orquestra", que era um pequeno número de músicos imaginários que eu puxava com uma cordinha e que tocavam para mim enquanto a gente passeava pelos museus e monumentos. Parece, aliás, que, quando meus pais me chamavam, eu amarrava a minha orquestra.

Então, na minha primeira visita à capela de Orvieto, sem dúvida contemplei com calma essa parte dos danados jogados nos sofrimentos do inferno, que é muito popular. Aqui valeria a pena abrir um capítulo inteiro acerca de uma questão que tem tudo a ver com a boçalidade na nossa cultura, que é a questão seguinte: a partir do ano 1000, mais ou menos, nós começamos a imaginar o inferno de uma maneira que é singularmente parecida com os nossos desejos menos confessáveis. Tem uma relação entre essas duas coisas que é bem inquietante na nossa cultura. Enfim, no caso específico dessa parede, não é difícil; não preciso apontar para nada para que vocês imediatamente fiquem impressionados pelo fato de que, sim, os "danados" do inferno e os próprios diabos têm uma presença carnal fortíssima, a ponto de a gente poder se perguntar como é que os comissionários de Orvieto acharam que esse negócio fosse adequado para menores de 18 anos. Eu me lembro de que entrei, eu estava falando não isso exatamente, mas estava falando com a pessoa que me acompanhava – sou muito respeitador das igrejas em geral –, comecei a falar sobre os afrescos e quais vinham das mãos de Signorelli e também algumas reflexões sobre o inferno, e havia pessoas que estavam naquela capela por razões litúrgicas. Uma dessas pessoas se voltou e me fez "shhhh", e para mim isso ficou como um símbolo da questão de saber como é que vai acabar essa luta, se seremos realmente silenciados.

Meu pai morreu na cama, em casa, vítima de insuficiência cardíaca; meu irmão, também médico, estava ao lado dele. Eu não estava lá; esse é um dos preços que a gente paga quando se afasta muito do lugar onde nasceu. Meu irmão me contou que as últimas palavras do meu pai para ele foram: "faça alguma coisa", o que significava, provavelmente, "olha, eu não estou aguentando mais, me empurra para a morte, por favor", ou então, "faça alguma coisa, me dê mais uma injeção de diurético para ver se consigo retomar a respiração, pensar e viver mais um dia", ou então podia ser uma recomendação de ordem geral, "faça alguma coisa na vida". Eu gosto do equívoco contido nessa frase, e acho que é bem no estilo dele, essas frases que mesmo na última hora nunca tapam o buraco na estante. Essa frase me ajuda a responder à pergunta: como é que essa história vai terminar? Pode ser que amanhã as trevas voltem. Pode ser que amanhã alguém nos force a jurar que é a eternidade que deve dar sentido à nossa finitude ou à nossa vida concreta, ou então o além que deve dar sentido ao aqui, ou então as utopias (cidade de Deus ou dos homens) é que devem dar sentido ao presente. Pode ser que isso aconteça, mas até lá eu fico com, no fundo, o que me parece ser a grande lição do meu pai, que é a ideia de que a questão do sentido da vida é simples: o sentido da vida é a própria vida concreta. A que vivemos e da qual faz parte também morrer.